CATALOGUE

DES

VUES STÉRÉOSCOPIQUES

DES

GLACIERS DU MONT-BLANC

VALLÉES ENVIRONNANTES

Et Ascension du Mont-Blanc, etc.

DES FRÈRES

TAIRRAZ

DE CHAMONIX

PARIS

IMPRIMERIE A. AUGROS, PASSAGE DU CAIRE, 87-89.

—

1863

CATALOGUE

DES

VUES STÉRÉOSCOPIQUES

DES

GLACIERS DU MONT-BLANC

VALLÉES ENVIRONNANTES

Et Ascension du Mont-Blanc, étc.

DES FRÈRES

TAIRRAZ

DE CHAMONIX

PARIS

IMPRIMERIE A. AUGROS, PASSAGE DU CAIRE, 87-89.

—

1863

CATALOGUE

DES

VUES STÉRÉOSCOPIQUES

DES

GLACIERS DU MONT-BLANC

Vallées environnantes et Ascension du
Mont-Blanc, etc.

DES

Frères TAIRRAZ de Chamonix

1. — Chamonix.
2. — Chamonix, vu de la route du Montanvert.
3. — Chamonix, vu de la Fontaine de Caillet.
4. — Aiguilles Verte et du Drû, route du Montanvert.

5. — Montanvert et l'Aiguille de Charmoz.

6. — Montanvert et l'Aiguille du Drù.

7. — Le mont Blanc des Dames.

8. — Le Mont.

9. — La Mer de glace, vue du Montanvert.

10. — La Mer de glace.

11. — Pont et crevasse, Mer de glace.

12. — Mer de glace et Moraines, vues de Tréla-
porte.

13. — Vallée du Géant.

14. — Vallée.

15. — Les Seracs du Géant.

16. — Les Seracs.

17. — Le Jardin et le Glacier du Taléfre.

18. — Le Capucin, vu du Jardin.

19. — Le Mont-Blanc, vu du Jardin.

20. — Le Mont-Blanc, vu de Béranger.

21. — Le Mauvais pas.

22. —

23. — Le Chapeau et les Aiguilles rouges.

24. — Arc de glace au Mauvais pas.

25. — Arc de glace au Chapeau.

26. — Arc de glace au Glacier des bois.

27. — La Mer de glace, vue du Chapeau.

28. — La Mer de glace.

29. — La Mer de glace, vue du Mauvais pas.

30. — Chute de la Mer de glace.

30 *bis*. — Chute de la Mer de glace.

31. — Seracs et Crevasses.

31 *bis*. — Crevasse et Chapeau.

32. — Pont et Crevasses. Chapeau.

33. — Le Chapeau, vu du Glacier.

34. — Arc de glace et Aiguille du Drû.

35. — Mer de glace au Chapeau.

36. — Vallée de Chamonix.

37. — Vallée.

38. — Vallée de Chamonix en hiver.

39. — Glacier des Bois.

40. — Bords du Glacier des Bois.

41. — Palais de Cristal.

42. — Pavillon de la Grotte.

43. — Source de l'Arveiron.

44. — Source   Id. -

45. — Aiguille Verte et Glacier des Bois.

46. — Chamonix et Mont-Blanc

47. — Chamonix.

48. — Chamonix et l'Aiguille Verte.

49. — Chamonix et le Brevent.

50. — Chamonix et le Brevent en hiver.

51. — Chamonix et le Glacier des Bois.

52. — Hôtel Royal.

53. — Chamonix, en relief.

54. — Cascade de Folly.

55. — Chamonix et les Aiguilles Rouges.

56. — Chamonix en hiver.

57. — Le Brevent en hiver.

58. — Cascade du Dard, vue du Pavillon.

59. — Cascade du Dard, vue du Ravin.

59 *bis*. — Ascension du Mont-Blanc.

60. — Chalet du Mont-Blanc.

61. — Une Halte à la pierre de l'Échelle.

62. — Entrée du Glacier.

63. — Grands Mulets et Dôme.

64. — Seracs et Grands Mulets.

65. — Traversée d'une crevasse.

66. — Vue d'un Serac.

67. — Ascension au Mont-Blanc.

68. — Caravane aux Seracs.

69. — Passage aux Pyramides.

70. — Jonction des Glaciers et Grands Mulets.

71. — Arrivée aux Grands Mulets.

72. — Cabane des Grands Mulets.

73. — Rocher et cabane des Grands Mulets.

74. — Rocher et cabane des Grands Mulets et Vallée
        de Chamonix.

75. — Avalanche du petit Plateau.

76. — Le Jardin, vu du haut du Mont-Blanc.

77. — Le Rutor, vu du haut du Mont-Blanc.

78. — Le Col du Géant, vu du haut du Mont-Blanc.

79. — Guides cherchant les restes de leurs camarades
        péris au Mont-Blanc en 1820.

80. — Guides.

81. — Guides emportant les restes de leurs camarades
        péris au Mont-Blanc.

82. — Un Passage aux Seracs.

83. — Un Passage aux Pyramides.

84. — Crevasse monstre.

85. — Pyramides des Bossons.

85 *bis*.   —   —

86. — Vallée de Chamonix.

87. — Pyramides et Aiguille Verte.

88. — Glacier aux Pyramides.

89. — Pyramides et Aiguille du Midi.

90. — Pyramide monstre.

91. — Vallée et Glacier des Bossons.

92. — Glacier des Bossons et Aiguille Verte.

93. — Glacier des Bossons et Aiguille du Midi.

94. — Glacier des Bossons et Aiguille du Midi.

95. — Aiguille Verte et Pont Pyralota.

96. — Chaîne du Mont-Blanc.

97. — Les Houches et l'Aiguille Verte.

98. — Vallée de Chamonix, route du Pavillon de Bel-
levue.

99. — Le Mont-Blanc, vu de Planpras.

100. — Passage de la Cheminée.

101. — Le Mont-Blanc, vu de Flegère.

102. — Mer de glace, vue de Flegère.

103. — Mer de glace et Chaîne du Mont-Blanc, vus de
Flegère.

104. — Aiguille Verte et Glacier des Bois.

105. - Argentière.

106. — Village et Glacier du Tour.

107. — Village et Glacier du Tour. en hiver.

108. — Village du Tour en hiver et Aiguilles Rouges.

109. — Hameau d'Argentière.

110. — Le Mont-Blanc, vu de la Croix de fer.

111. — Vallorcine.

112. — Cascade de Berard.

113. — Le Mont-Blanc, vu du Buet.

114. — Chaîne du Mont-Blanc, vu du Buet.

115. — Barberine, route de Tête-Noire.

116. — Fort du Châtelard, Tête-Noire.

117. — Vallée de Tête-Noire.

118. — Galerie et Hôtel de Tête-Noire.

119. — Passage de Tête-Noire.

120. — Hôtel de Tête-Noire.

121. — Tête-Noire.

122. — Vallée du Trient.

123. — Vallée du Rhône.

124. — Martigny.

125. — Gorge du Trient.

126. — Gorge du Trient.

127. — Cascade de Pissevache.

128. — Ponts du Triège.

129. — Saint-Bernard.

130. — Arc de triomphe d'Octave-César, 18 avant Jé-
sus-Christ.

131. — Cormayeur.

132. — Hermitage de Cormayeur.

133. — Lac Cmbal et Glacier de l'allée Blanche.

134. — Les Mottets.

135. — Le Plan des Dames et le Bonhomme.

136. — Le Mont-Blanc, vu du Mont-Joly.

137. — Saint-Gervais.

138. — Pont du Diable, Saint-Gervais.

139. — Établissement des Bains.

140. — Cascade de Chède.

141. — Pavillon à l'entrée des Bains.

142. — Pyramides des Fées.

143. — Pont de Saint-Martin et Mont-Blanc.

144. — Sallanches et le Mont-Blanc.

145. — Cascade d'Arpenaz.

146. — Aiguille des Fées, vue de Servoz.

147. — Gorge de la Dioza.

148. — Gorge de l'Arve, nouvelle route de Chamonix.

149. — Le Mont-Blanc, vu du Col d'Anterne.

150. — Cascade la Pleureuse.

151. — Cascade du Rouget.

152. — Sixt et Vallée.

153. — Le Mont-Rouant.

154. — Cascades du Fer-à-Cheval.

155. — Cascades du Fer-à-Cheval.

156. — Seracs et Crevasses aux Bossons.

157. — Glacier des Bois et Aiguille de Charmoz.

158. — Glacier des Bossons et Chaîne du Mont-Blanc.

159. — Glacier des Bois.

160. — Le Mont-Blanc, vu de Flegère.

161. — Aiguilles Vertes vues de Planpras

162. — Planpras et le Brevent.

163. — Église Anglaise et Mont-Blanc.

164. — Église de Chamonix et Brevent.

Paris. — Imp. A. Augros, pass. du Caire, 8 & 8t.

CATALOGUE

DES

VUES STÉRÉOSCOPIQUES

DES

GLACIERS DU MONT-BLANC

VALLÉES ENVIRONNANTES

Et Ascension du Mont-Blanc, etc.

DES FRÈRES

TAIRRAZ

DE CHAMONIX

PARIS

IMPRIMERIE A. AUGROS, PASSAGE DU CAIRE, 87-89.

—

1863

CATALOGUE

DES

VUES STÉRÉOSCOPIQUES

DES

GLACIERS DU MONT-BLANC

Vallées environnantes et Ascension du
Mont-Blanc, etc.

DES

Frères TAIRRAZ de Chamonix

1. — Chamonix.
2. — Chamonix, vu de la route du Montanvert.
3. — Chamonix, vu de la Fontaine de Caillet.
4. — Aiguilles Verte et du Drû, route du Montanvert.

5. — Montanvert et l'Aiguille de Charmoz.

6. — Montanvert et l'Aiguille du Drû.

7. — Le mont Blanc des Dames.

8. — Le Mont.

9. — La Mer de glace, vue du Montanvert.

10. — La Mer de glace.

11. — Pont et crevasse, Mer de glace.

12. — Mer de glace et Moraines, vues de Tréla-
porte.

13. — Vallée du Géant.

14. — Vallée.

15. — Les Seracs du Géant.

16. — Les Seracs.

17. — Le Jardin et le Glacier du Talèfre.

18. — Le Capucin, vu du Jardin.

19. — Le Mont-Blanc, vu du Jardin.

20. — Le Mont-Blanc, vu de Béranger.

21. — Le Mauvais pas.

22. —

23. — Le Chapeau et les Aiguilles rouges.

24. — Arc de glace au Mauvais pas.

25. — Arc de glace au Chapeau.

26. — Arc de glace au Glacier des bois.

110. — Le Mont-Blanc, vu de la Croix de fer.

111. — Vallorcine.

112. — Cascade de Berard.

113. — Le Mont-Blanc, vu du Buet.

114. — Chaîne du Mont-Blanc, vu du Buet.

115. — Barberine, route de Tête-Noire.

116. — Fort du Châtelard, Tête-Noire.

117. — Vallée de Tête-Noire.

118. — Galerie et Hôtel de Tête-Noire.

119. — Passage de Tête-Noire.

120. — Hôtel de Tête-Noire.

121. — Tète-Noire.

122. — Vallée du Trient.

123. — Vallée du Rhône.

124. — Martigny.

125. — Gorge du Trient.

126. — Gorge du Trient.

127. — Cascade de Pissevache.

128. — Ponts du Triège.

129. — Saint-Bernard.

130. — Arc de triomphe d'Octave-César, 18 avant Jé-
sus-Christ.

131. — Cormayeur.

155. — Cascades du Fer-à-Cheval.

156. — Seracs et Crevasses aux Bossons.

157. — Glacier des Bois et Aiguille de Charmoz.

158. — Glacier des Bossons et Chaîne du Mont-Blanc.

159. — Glacier des Bois.

160. — Le Mont-Blanc, vu de Flegère.

161. — Aiguilles Vertes vues de Planpras.

162. — Planpras et le Brevent.

163. — Église Anglaise et Mont-Blanc.

164. — Église de Chamonix et Brevent.

Paris. — Imp. A. Aupros, pass. du Caire, 3° 42.